RAPPORT DU MAIRE

SUR LA

Situation Financière de la Ville d'Alger

(1902-1907)

Présenté au Conseil Municipal

A L'OCCASION DU

VOTE DU BUDGET SUPPLÉMENTAIRE DE L'EXERCICE 1907

ALGER

IMPRIMERIE VILLENEUVE, 4, PLACE SOULT-BERG, 4 - TÉLÉPHONE 8-29

1907

RAPPORT DU MAIRE

SUR LA

Situation Financière de la Ville d'Alger

(1902-1907)

Présenté au Conseil Municipal

A L'OCCASION DU

VOTE DU BUDGET SUPPLÉMENTAIRE DE L'EXERCICE 1907

ALGER

IMPRIMERIE VILLENEUVE, 4, PLACE SOULT-BERG, 4 - TÉLÉPHONE 8-29

1907

RAPPORT DU MAIRE

SUR LA

SITUATION FINANCIÈRE DE LA VILLE D'ALGER

(1902-1907)

Présenté au Conseil Municipal

à l'occasion du Vote du Budget Supplémentaire

de l'Exercice 1907

Il ne doit être question dans ce rapport que de la situation économique et financière de la Ville d'Alger avant et depuis 1902 ; mais il n'est peut-être pas inutile au début de ce travail de rappeler dans quelles conditions se firent les élections municipales du 1er Juin 1902.

Livrée depuis le 13 Novembre 1898 à un parti où bien des hommes de désordre avaient pris place, la Ville d'Alger était descendue bas dans le crédit public. Le commerce souffrait chaque jour davantage de l'absence de sécurité dans les affaires, de la mauvaise direction de l'Administration Municipale et des troubles de la rue. Le Gouvernement, inquiet pour l'avenir de la Capitale Algérienne, faisait tous ses efforts pour amener un changement de régime que la coalition de tous les intérêts menacés souhaitait de plus en plus. Quatre ans de désorganisation sociale et administrative avaient suffi pour fatiguer le corps électoral d'un régime amené aux affaires par le plus puissant mouvement d'opinion auquel on ait assisté en Algérie

Aussi la liste de concentration républicaine, composée

d'hommes de toutes les nuances du parti républicain, formée d'éléments de concorde, de travail, obtint-elle le 1er Juin un succès incontesté et prévu par tous les amis de l'ordre. L'élection Municipale du 13 Novembre 1898 avait été une élection politique de protestation antigouvernementale ; celle de 1902 fut une élection d'affaires et d'apaisement. Le Conseil qui arrivait à l'Hôtel de Ville n'avait présenté qu'un programme de conciliation, d'ordre et de travail; cela avait suffi pour assurer son succès.

Une assemblée, élue dans de telles conditions, devait s'occuper plutôt d'affaires que de politique ; elle devait administrer au mieux des intérêts de tous et non faire le jeu d'un parti déterminé ; en raison de son essence même, elle devait compter sur l'appui du Gouvernement et sur le concours de toutes les bonnes volontés.

C'est pourquoi, certain de l'œuvre utile à laquelle devait se vouer le nouveau Conseil Municipal, le Gouvernement n'a pas hésité à donner des gages sûrs de la confiance qu'il avait désormais dans la Ville d'Alger, tels que le prélèvement sur le fonds des fortifications destiné à combler le déficit, le voyage présidentiel et la réunion d'Alger et de Mustapha en une seule Commune.

Ces considérations générales émises, il convient d'examiner l'œuvre du Conseil Municipal depuis Juin 1902.

Au mois de Mai 1902, la situation financière de la Ville était loin d'être brillante.

Le budget supplémentaire de 1901, que la Municipalité avait soldé avec un excédent de recettes de 397,675 fr. 17, avait dû être arrêté par l'autorité préfectorale avec un excédent de dépenses de 717,843 fr. 84.

En 1898, l'excédent de dépenses présenté par le budget supplémentaire était déjà de 343,326 fr. 76. En 1902, cet excédent atteignait le chiffre de 1,017,427 fr. 48, en augmentation de 299,583 fr. 64 sur celui de 1901 et de 674,100 fr. 70 sur celui de 1898. La situation empirait d'année en année. Les dépenses augmentaient dans de notables proportions et la rentrée des recettes donnait à l'Administration de nombreuses déceptions. Pour s'en rendre compte, il suffit de prendre un exemple. En 1898, sur la taxe des loyers, le montant des non-valeurs (22,862 fr. 34 sur 333,180 fr. 08) atteignait seulement le 6,83 pour cent, alors qu'en 1901 ce pourcentage était de 8,65

(29,407 fr. 41 sur 339,855 fr. 84) ; en 1902, de 9,57, et en 1903, en vertu de la force acquise, de 9,76 (35,499 fr. 13 sur 363,787 fr. 94).

Il faut observer de suite, pour n'y plus revenir, que, dès 1904, grâce à la réorganisation des services et à la prudence apportée dans les dégrèvements, le montant des non-valeurs sur la taxe des loyers n'était plus que de 25,670 fr. 06 sur 369,747 fr. 67, soit 6,88 pour cent ; en 1905, ce pourcentage s'est abaissé à 6,32 pour cent (38,532 fr. 25 sur 609,006 fr. 16).

Emue par les déficits des budgets municipaux, l'Administration Supérieure crut devoir, lors de l'intérim de la dernière Commission Municipale (Avril-Mai 1902), confier à un des membres de cette Commission, M. l'Inspecteur des Finances Paturet, la mission d'établir sérieusement la situation financière d'Alger. Ce travail, fait avec tout le soin et la prudence désirables, aboutit à la constatation de déficits alarmants pour l'avenir financier de la Commune. M. Paturet émit cette conclusion que le déficit annuel devait s'élever à 230.000 francs. Il ajoutait : « Avec une administration de rigoureuse économie, peut-être « arriverait-on à réduire ce déficit à 150,000 francs, *mais c'est là* « *la limite extrême des espérances les plus optimistes.* »

La gestion des quatre dernières années (1898-1902) donnait raison à ces conclusions, puisque, pendant ce laps de temps, le déficit s'était accru de 674,100 francs, soit, en moyenne, de 168,700 francs par an.

A ce déficit devait s'ajouter le règlement de l'indemnité des troubles antisémites, pour lequel l'Etat s'apprêtait à grever les contribuables de 20 0/0 sur l'impôt foncier et 23 0/0 sur les patentes. Cette nouvelle dépense allait incomber à la nouvelle Municipalité. Il est à remarquer que dans son déficit prévu annuellement, M. Paturet ne tenait pas compte de l'indemnité des troubles antisémites qu'il considérait devoir être payée par la contribution extraordinaire indiquée ci-dessus. Cette remarque trouvera sa justification dans la suite de ce travail.

Le déficit de 1902 : 1,017,427 fr. 48 était constitué d'une part par des prélèvements irréguliers opérés sur les fonds spéciaux ; d'autre part, par des créances arriérées, telles que celles de 104,869 fr. 10 pour les frais d'hospitalisation et le règlement des instances Gisbert-Féraud : 53,748 fr. 70. Pour parer à cet état de choses, la nouvelle Municipalité devait seulement compter sur les ressources ordinaires du Budget, que M. Paturet déclarait être insuffisantes de 230,000 francs par an, et sur les annuités à verser par la Société Foncière et Immobilière, acquéreur des terrains des fortifications, en vertu du contrat du 5 Mai 1900.

Il convient de rappeler ici brièvement l'affaire des terrains des fortifications et d'en analyser l'économie.

La Municipalité Guillemin, en 1893, avait acquis de l'Etat les terrains à provenir du dérasement des fortifications d'Alger pour la somme de 11,470,000 francs, laquelle avait été empruntée au Crédit Foncier et était remboursable par amortissement en 50 annuités de 527,934 fr. 40.

Avant l'arrivée aux affaires de la Municipalité antijuive, quelques-uns de ces terrains avaient été vendus par la Ville pour le prix de 409,098 fr. 25.

L'affaire était donc presque intacte lorsqu'intervint le contrat du 5 Mai 1900, vendant l'ensemble des terrains sauf les superficies nécessaires à la Voirie et quelques parcelles que se réservait la Ville, à la Société Foncière Immobilière pour le prix de 8,479,553 francs payable en 10 annuités : la première de 738,155 f. 30, les neuf autres de 860,155 fr. 30.

La vente de ces terrains avait en principe été consentie sous les deux réserves suivantes : le quartier de la Préfecture serait transformé ; tous les ans deux millions de travaux devaient être effectués par la Société. Par des avenants successifs le promoteur de la vente obtint le retrait de ces deux réserves, de sorte que l'affaire des terrains des fortifications ne fut plus qu'une simple vente sans condition. Et cette vente fut votée, le prix payable en 10 annuités, non seulement au même prix où la Ville avait acheté les terrains revendus, mais encore sans obligation de verser aucun intérêt à la Commune qui, elle, payait 3 fr. 95 0/0 d'intérêts pour son emprunt de 11,470,000 francs, de 1893, après avoir payé du 4,05 jusqu'en 1899.

De ce fait la Ville perdit en calculant les intérêts à 4 0/0 . . . . 1.974.967 60

Du 5 Mai 1900 au 28 Février 1907, la Société Foncière a vendu pour le prix de 8,057,931 fr. 07 ce qu'elle avait acheté pour celui de 3,567,485 fr. 20, d'où un bénéfice de.............................. 4.490.455 87

Il reste à la Société pour 4,912,067 fr. 80 de terrains qui lui donneront suivant les mêmes proportions de gain un bénéfice probable de........ 6.000.000 »

La Ville a donc été privée d'une ressource d'environ............................... 12.000.000 »

Pour se faire une idée exacte des avantages procurés à la Société Foncière et Immobilière par l'affaire des fortifications, il suffit de se rappeler que certains terrains du quartier Bab-el-Oued, achetés 1 fr. 75 le mètre carré par la Société, ont été revendus plus de 20 francs.

Le parc d'Isly avait disparu ; peu de terrains étaient réservés pour l'usage de la Ville qui devait, en outre, garantir pour 300,000 francs de travaux de voirie par an à la Société Foncière et Immobilière.

Les bénéfices qu'Alger était en droit d'espérer de l'opération immobilière de 1893 s'étaient évanouis.

L'Administration ne pouvait plus surveiller, diriger l'essor immobilier de notre Ville, les intérêts des différents quartiers n'étaient plus sauvegardés et les travaux devaient s'exécuter sans unité de vue et sans progression normale.

Qu'il soit permis de déplorer que l'Administration Supérieure ait cru devoir approuver une opération aussi désastreuse pour les finances communales, présentée par un Conseil antigouvernemental.

Une autre source de revenus, la fourniture d'eau douce aux navires, avait diminué en 1902 dans de fortes proportions.

Jusqu'en 1899, la Ville avait assuré seule le service de cette fourniture qui lui rapportait cette même année 84,522 fr. 52. Mais, en Septembre 1899, un particulier vint concurrencer la Ville. Cette concurrence avait fait descendre en 1901 les recettes à 41,448 fr. 37 et en 1902 à 36,496 fr. 86.

La Ville supportait de ce chef une perte sèche de près de 50,000 francs par an.

La nouvelle Municipalité trouvait donc en 1902, à son arrivée aux affaires, une situation financière des plus obérées, des plus alarmantes, avec des recettes insuffisantes et la charge d'un lourd déficit à combler.

Elle eut cependant la ferme conviction qu'une administration prudente, économe et laborieuse devait triompher de cette situation.

Ses prévisions ne furent pas déçues. Le déficit accusé par le budget supplémentaire de 1903, après une seule année de magistrature, n'était plus que de 60,427 f. 18, somme bien inférieure au minimum de 150,000 francs prévu par M. Paturet. Aussi le Gouvernement faisait-il crédit à la Ville, et pour permettre à la Municipalité d'achever l'œuvre si bien commencée lui accordait-il la régularisation des prélèvements opérés sur les fonds spéciaux pour la somme de 1,016,000 francs.

L'Administration Municipale ainsi encouragée s'appliquait à développer les principes qui lui avaient si bien réussi; elle organisait une surveillance plus étroite de la perception des contributions et se montrait d'une extrême réserve dans les dépenses. Son activité ne devait pas tarder à trouver sa récompense. Le budget supplémentaire de 1904 se soldait par un excédent de recettes de 122,383 fr. 38.

Deux années avaient suffi pour combler le déficit et détromper les prévisions, cependant prudentes, de M. Paturet.

Cette même année, le 10 Avril, fut décrétée la réunion des deux communes d'Alger et de Mustapha en une seule.

Ici une parenthèse s'impose.

L'Administration Supérieure, à maintes reprises, avait donné à diverses communes, notamment à Alger, comme modèle de parfaite gestion la façon dont était administrée la Ville de Mustapha. Ses budgets se soldaient toujours par des excédents de recettes et la situation prospère de cette Commune était tellement appréciée en haut lieu, et partant dans l'esprit public, qu'il semblait que la réunion des deux Villes n'avait d'autre but que de permettre à Alger d'équilibrer enfin son budget si obéré. C'est sous cette impression que les habitants de Mustapha résistèrent longtemps à l'annexion, pensant que leur argent serait englouti dans le paiement des dettes de notre Commune.

Le résultat auquel on aboutit fut tout autre. Par un fâcheux mode de procéder, la Municipalité de Mustapha, enhardie sans doute par les éloges de l'Administration Supérieure, avait pris l'habitude de ne pas faire figurer sur ses budgets le passif entier de la Commune. Aussi le Conseil Municipal d'Alger fut-il désagréablement surpris lorsqu'à l'établissement du budget supplémentaire de 1904, il constata pour l'ancienne Commune de Mustapha un excédent de dépenses de 775,469 fr. 02, ce qui faisait disparaître les 122,383 fr. 38 d'excédent de recettes du budget supplémentaire de l'ancienne Commune d'Alger et constituait en fin de compte un déficit de 652,985 fr. 64 pour la nouvelle Commune d'Alger.

Il n'en pouvait être autrement puisque l'examen des comptes de Mustapha avait révélé l'existence de dettes importantes dont voici les principales :

Frais d'assistance publique (autres que ceux de l'exercice courant)	431.759 41
Contentieux : Moulin de l'Agha, Affaire Choulet, Picot et Cie	81.508 09
Contentieux : Moulin de l'Agha. Affaire Catus et Cie	37.671 68
Petit lycée de Mustapha	446.009 31
Eclairage au gaz	85.891 68

Avec cela pas ou peu de voirie effectuée, malgré un emprunt de 3 millions que Mustapha avait contracté quelques années auparavant. De plus, il fallait rembourser plus de 30,000 francs indûment perçus pour les égouts de cette Commune.

Au surplus, la situation financière de la Commune de Mustapha au 15 Avril 1904-31 Mars 1905 était la suivante :

ETAT DRESSÉ LE 1er AVRIL 1907

Actif :

A. — Excédent de recettes au 15 Avril 1901		318.118 41
B. — Recettes effectuées du 15 Avril 1904 au 31 Mars 1905	533.123 46	
Recettes effectuées en 1905	32.070 35	
Recettes effectuées en 1906	9.223 34	
Recettes effectuées en 1907	200 »	574.617 15
A reporter		892.735 56

Report......		892.735 56
c. — Reliquat à réaliser sur l'emprunt de Mustapha........		392.030 »
D. — Recettes prévues et incorporées au budget d'Alger :		
Octroi de mer.............	250.535 84	
Permis de chasse.........	1.500 »	
Produits de l'Abattoir (1903-1904)...:..............	211.304 26	463.340 10
		1.748.105 66

Passif :

A. — Services hors budget (tickets, dépôts de garantie, etc...	48.857 69	
B. — Dépenses effectuées au 31 Mars 1905	1.839.945 39	
c. — Restes à payer...........	16.376 16	
D. — Abattoir (part de Mustapha, frais de gestion 1903)....	10.236 39	
E. — Troubles antisémites (part de Mustapha)..........	95.108 83	
F. — Fonds spéciaux (31 Mars 1905) :		
Chemins vicinaux...	29.363 63	
Emprunt de 1899.........	306.928 37	2.356.756 46
Excédent de dépenses (déficit réel)....		608.650 80 (1)

Alger, nouvelle Ville, se trouvait, du fait de l'annexion, dans une situation voisine de celle de l'ancienne Commune d'Alger en Mai 1902.

Le Conseil Municipal est parvenu à combler ce nouveau déficit,

---

(1) Le déficit indiqué par le budget supplémentaire de 1904 est de............................. .... 775.369 02

Pour être exact, il faut diminuer en dépenses, pour crédits annulés 309 329 70

En recettes, pour non-valeurs..... .... 142.697 56

Il faut donc diminuer l'excédent de dépenses de...... 166.632 23

Résultat : 775.369 fr. 02 — 142.697 fr. 56 = 608.736 fr. 70. (Il existe donc un jeu de 85 fr. 00 dans les non-valeurs.)

sans augmenter les charges des contribuables, sans même demander de suite aux habitants de Mustapha des contributions égales
à celles payées par ceux d'Alger. Actuellement encore les droits
perçus ne sont pas semblables pour l'ensemble de la Commune.

Les résultats acquis sont des plus satisfaisants et le budget
primitif de 1907 se solde par un excédent de recettes de
136,000 francs, chiffre qui sera inférieur à la réalité.

Mais il importe maintenant d'envisager notre œuvre dans
tous ces détails de 1902 à ce jour. Il convient de considérer si
les résultats obtenus ne l'ont pas été au détriment du développement normal de la Ville et si les économies réalisées n'ont pas
laissé en souffrance certaines branches de l'Administration Municipale.

C'est là le but de ce rapport.

Le premier devoir de la nouvelle Municipalité fut de chercher
à augmenter les revenus de la Ville sans surcharger le contribuable, règle dont elle ne s'est pas départie, et à réduire le plus
possible les servitudes qui grevaient le budget communal. Elle a
fort heureusement réussi ainsi que le prouvent, entre autres, les
trois opérations suivantes :

Le 10 Juin 1903, le Conseil Municipal prenait une délibération réclamant contre une obligation supportée par la Ville
d'assurer les services de police, d'éclairage et de nettoiement
sur les quais sans qu'il en coûtât rien à l'Etat, alors que la
Commune ne pouvait percevoir aucun droit sur les terrains du
port. Depuis plus de 20 ans la Ville insistait vainement pour la
reconnaissance de ces droits. En 1904, son appel fut entendu et
une décision gouvernementale du 12 Novembre de cette année
accorda à la Commune une redevance annuelle de 7,000 francs.

Le 4 Juin 1904, une lettre du Ministre de l'Intérieur mettait
en cause la validité du contrat du 5 Mai 1900 (terrains des
fortifications). Le Président du Conseil déclarait que le marché
de travaux annexé à la convention était illégal et que sa nullité
entraînait celle de l'acte tout entier. Bien que le vœu le plus cher
de la Municipalité eût été d'effacer le désastre financier causé
par l'opération de 1900, il ne pouvait être question après

4 ans d'exécution de ce contrat d'en poursuivre la nullité. C'était troubler inutilement les acquéreurs de la Société Foncière, c'était entamer un long procès fort coûteux, à l'issue douteuse, dont le premier résultat eût été de jeter le discrédit sur la Ville d'Alger et d'éloigner d'elle les capitaux étrangers.

Aussi la Municipalité consentit-elle à séparer le marché de travaux du contrat du 5 Mai 1900, mais elle profita de l'incident pour obtenir de la Société Foncière et Immobilière une série de concessions dont voici les plus importantes (transaction du 29 Novembre 1904) :

Abandon par la Société de ses revendications sur un terrain de 438 m. 69, incorporés à la surface bâtie par la Ligue de l'Enseignement ;

Retrait par la Société d'une réclamation d'une somme de 2,161 fr. 97 pour divers travaux de superstructure des chaussées dans la construction d'égouts ;

Réserve au profit de la Ville d'un terrain de 1,000 mètres carrés situé angle de la rue Mizon et du boulevard Général-Farre, pour y édifier un édifice communal ;

Vente à la Ville d'un terrain de 4,032 mètres, entre les rues Baudin, Charras, G et H, destiné aux Halles Centrales pour la somme de 500,000 francs, au lieu de 560,000 francs ;

Achat par la Société des 1,995 mètres de terrain possédés par la Ville sur l'avenue Bab-el-Oued pour le prix de 300,000 francs ;

Abandon à la Ville, moyennant une somme forfaitaire de 70,448 francs, des 3,400 mètres carrés de terrains destinés à la création de squares, côté Bab-Azoun et côté Bab-el-Oued ;

Tel fut le parti que sut tirer le Conseil Municipal de l'inquiétude causée par la lettre ministérielle du 4 Juin 1904.

Il a été dit plus haut qu'en 1899 un particulier étant venu concurrencer la Ville pour la fourniture de l'eau douce aux navires, les produits de ce service baissèrent de près de 50,000 fr. par an. La Municipalité, abandonnant le système inauguré depuis 1900 consistant à diminuer les tarifs pour réduire le concurrent, pensa qu'il valait mieux devenir propriétaire du service de ce dernier. Elle entra en pourparlers à ce sujet et, le 6 Novembre 1903, le Conseil Municipal adopta un contrat qui rachetait les droits et le matériel de MM. Lebel, Durand et Kling (concurrents de la Ville), pour la somme de 30,000 francs, payable sans intérêts en 5 annuités de 6,000 francs à M. Lebel et pour la somme de 90,000 francs payable dans les mêmes conditions à MM. Kling et Durand, plus l'achat à ces derniers d'un volume d'eau journalier de 100 mètres cubes à raison de 0 fr. 10 le mètre cube pendant 12 ans. L'annuité totale à payer par la Ville s'élevait donc à (6,000 + 18,000 + 3,650) 27,650 francs.

D'autre part, la Municipalité s'était assurée (lettre préfectorale du 14 Mars 1903) que l'Administration Supérieure ne délivrerait plus (comme cela s'était produit pour M. Lebel) d'autorisation nouvelle de voirie ayant pour objet l'amenée des eaux pour fourniture aux navires dans le port d'Alger.

Les effets du contrat de rachat n'ont pas tardé à se manifester.

Alors qu'en 1902 le produit du service de la fourniture d'eau douce aux navires n'avait été que de.............   36.496 86
    Il s'élevait en 1903 à.........................   43.773 38
        en 1904 à.........................   98.894 24
        en 1905 à.........................   139.140 70
        en 1906 à.........................   146.770 62

L'annuité de 27,650 francs à payer pendant 5 ans était largement compensée.

L'attention de la nouvelle Municipalité fut sollicitée par le service de l'alimentation de la Ville en eau potable qui présentait ce double intérêt de répondre à un besoin matériel des plus urgents et de procurer, étant amélioré, de plus grandes ressources au budget communal. En 1902, la quantité d'eau potable amenée était de 8,690 mètres cubes pour Alger et de 420 mètres cubes pour Mustapha. Cette quantité, déjà trop faible pour subvenir aux besoins des 136,054 habitants que comptaient les deux communes, était encore diminuée par les fuites que rendait fréquentes le mauvais état de la canalisation. Il était d'autant plus difficile de remédier à cet état de choses qu'aucun plan des canalisations n'existait en 1902. Aussi les réclamations étaient-elles des plus vives et l'Administration Communale devait-elle, pour atténuer en partie la pénurie d'eau, recourir à des achats d'eau fort coûteux qui atteignaient la somme de 66,188 fr. 40, en 1902, pour l'ancienne Commune d'Alger, et celle de 67,800 francs, la même année, pour la Commune de Mustapha.

Le Conseil Municipal chercha à remédier à cet état de choses en s'inspirant de ce principe qu'il était préférable que la Ville fût maitresse de son alimentation. Ne pas augmenter les achats d'eau, et pour cela procéder à de nouveaux travaux de forage de puits et de canalisations, diminuer les frais d'entretien par des installations sérieuses et définitives, tel fut le but que poursuivit la Municipalité, et qu'elle atteignit, sans augmenter les dépenses qui grevaient le budget, par une réorganisation judicieuse du service et une meilleure surveillance des concessions.

C'est ainsi que la quantité d'eau amenée en ville est actuellement de 14,400 mètres cubes, en augmentation de 5,290 mètres cubes sur la quantité d'eau amenée en 1902 (8,690 + 420 ^{m3} = 9,110 ^{m3}). La population est loin d'avoir augmenté en proportion ; le recensement de 1906 donne une population totale de 152,538 habitants, supérieure de $\frac{1}{8}$ à celle de 1902, alors que la quantité d'eau amenée en 1907 est supérieure de plus des $\frac{5}{9}$ à celle fournie en 1902.

Aujourd'hui ç'en est fini des disettes d'eau pendant l'été ; le Conseil Municipal actuel a assuré à la Ville une alimentation régulière et suffisante en eau potable et a pris toutes dispositions pour sauvegarder l'avenir à cet effet. A la fin de ce rapport trouveront place les projets élaborés dans ce but et dont l'exécution ne peut tarder.

Ce résultat eut un effet des plus heureux sur les finances communales. La lecture du tableau ci-dessous montrera l'augmentation sensible des ressources produites par le Service des Eaux.

PRODUIT DES CONCESSIONS D'EAU D'APRÈS LES TITRES

	ALGER	MUSTAPHA	TOTAL
1902......	285.212 92	37.411 45	322.624 37
1903......	201.788 32	58.845 15	350.633 47
1904.......	»	»	380.452 03
1905......	»	»	422.035 73
1906......	»	»	439.358 17

Rien n'a été négligé pour obtenir ces résultats. Il n'est peut-être pas inutile d'énumérer ici les dépenses auxquelles donnèrent lieu les améliorations successives apportées depuis Juin 1902 au Service des Eaux et dont le montant indiquera que, loin de se désintéresser d'une aussi importante question, la Municipalité était prête, pour assurer convenablement l'alimentation en eau potable de la Ville, à tous les sacrifices financiers, malgré la situation obérée du budget communal.

État des travaux importants exécutés de Juin 1902 à Mars 1907 pour le Service des Eaux :

Construction du réservoir Audoyer-Poumailloux au Ravin de la Femme-Sauvage. Établissement d'une conduite d'amenée des eaux de la propriété Audoyer-Poumailloux (diamètre intérieur, 250 $^{m/m}$; longueur, 6 kilomètres du Ravin de la Femme-Sauvage à la rue de Constantine, près le Conseil de Guerre .... 180.000 fr.

Établissement d'une canalisation de distribution de ces eaux en ville (diamètre intérieur, 250 $^{m/m}$, 200 $^{m/m}$, 150 $^{m/m}$ et 100 $^{m/m}$ .... 30.000 fr.

Installation de nouvelles chaudières aux usines de l'Harrach .... 45.000 fr.

Installation d'une nouvelle chaudière à Belcourt. 12.000 fr.

Forage des puits 10, 11, 12 et 13, dans la propriété de la Ville à l'Harrach, donnant un débit de 3,000 mètres cubes par 24 heures .... 38.000 fr.

Installation d'une nouvelle pompe à l'usine de Belcourt .... 10.000 fr.

Construction d'un réservoir en maçonnerie au Télemly (capacité 5,000 mètres cubes).............. 212.000 fr.

Canalisation pour l'amenée des eaux des puits de Solliers aux usines (1,500 mètres cubes d'eau par 24 heures ; longueur, 2 kilomètres ; diamètre intérieur, 250)...................................... 42.000 fr.

Construction de deux pavillons destinés à l'installation des nouvelles machines aux usines de l'Harrach .... 16.000 fr.

Établissement au boulevard Gambetta d'une station de refoulement pour élever l'eau du Télemly dans le réservoir du Sahel............................ 3.000 fr.

Etablissement d'une nouvelle conduite de refoulement : 400 m/m de diamètre intérieur des usines de l'Harrach au réservoir de Kouba (longueur, 4 kilom. 200) .... 145.000 fr.

Etablissement d'une conduite d'amenée de 400 m/m de diamètre intérieur, du réservoir de Kouba au réservoir du Télemly (longueur, 12 kilomètres). 265.000 fr.

Etablissement d'une conduite principale de distribution en ville de 400, 350, 300 et 250 m/m de diamètre intérieur........................ 100.000 fr

Agrandissement du réservoir de Kouba. ...... 35.000 fr.

Forage du puits 15 à l'Harrach (débit 1800 m. c.) 10.000 fr.

Etablissement de nouvelles canalisations rue Rochambeau, rue Montaigne, rue Maréchal-Soult et rues adjacentes (partie comprise entre le Campement, le boulevard Carnot, la rue de Constantine et la rue Cavaignac .... 4.000 fr.

Etablissement de la canalisation sur les terrepleins de l'arrière-port de l'Agha................ 55.000 fr.

Alimentation du Vieux-Kouba : Etablissement d'une turbine destinée à refouler l'eau d'alimentation et d'une canalisation de distribution......... 17.000 fr.

Installation des nouvelles machines Dumontant destinées à refouler 3,500 mètres cubes d'eau par 24 heures dans le réservoir de Kouba............ 120.000 fr.

Etablissement d'une conduite destinée à amener les eaux des puits artésiens situés entre le Jué-de-Constantine et les usines (longueur, 2 kilomètres ; diamètre intérieur, 500 m/m)..................... 72.000 fr.

Travaux accessoires résultant de l'installation des nouvelles machines Dumontant, construction de bassins, raccordements et conduites d'amenée et de refoulement .... 20.000 fr.

Un des services les plus importants au point de vue social, celui de l'Assistance publique, fut l'objet de notre vive sollicitude.

Secourir les indigents malades, leur donner tous les moyens d'être hospitalisés ou tout au moins soignés dans les meilleures conditions possibles, sauver ainsi le plus grand nombre d'existences, tel fut le problème auquel loin de se soustraire le Conseil Municipal de 1902 chercha à donner la solution la plus satisfaisante au point de vue humanitaire, tout en essayant de réduire au minimum les frais de l'assistance publique.

En Mai 1902, le service municipal de l'Assistance publique comprenait :

Une Infirmerie, rampe Valée, où étaient soignés les petits malades, principalement les blessés ;

Une Consultation gratuite faite par deux médecins à tour de rôle dans cette même infirmerie ;

Une Inspection médicale dans les écoles, assurée par un médecin.

Là se bornait cet important service.

La Municipalité se préoccupa dès son arrivée aux affaires d'améliorer cette organisation qui ne pouvait répondre aux besoins d'une grande agglomération comme Alger.

Le 28 Juillet 1902, la Consultation gratuite était installée rue Bruce, plus à portée des malades et confiée à un seul médecin, ce qui faisait disparaître la dualité du traitement médical toujours préjudiciable.

Les avantages de cette mesure se firent vite sentir. Le nombre des malades indigents visités à la Consultation gratuite qui variait seulement de 15 à 20 par jour s'est rapidement élevé de 115 à 120.

Le 19 Août 1902, une Clinique ophtalmologique était annexée au service de la Consultation gratuite ; son besoin était tel que dès sa création elle eut à soigner quotidiennement une centaine de malades.

Complétant son œuvre, la Municipalité instituait en Janvier 1903 le service de la Consultation gratuite à domicile et nommait à cet effet deux nouveaux médecins communaux entre lesquels la Ville fut partagée.

Comme corollaire à cette organisation médicale il fallait la création d'un service pharmaceutique qui permit aux indigents d'être immédiatement servis en médicaments. Jusqu'en Juillet 1902, une Pharmacie municipale fut installée à l'Infirmerie de la rampe Valée où elle distribuait les médicaments.

Entre temps, la Municipalité proposait le 17 Octobre 1902 la création d'une Infirmerie-Sanatorium à Birtraria pour permettre l'hospitalisation d'un plus grand nombre de malades et pour atténuer les dépenses de l'Hôpital de Mustapha dont le prix de journée était excessif et échappait au contrôle de l'Administration communale.

Pour se rendre bien compte des progrès réalisés dans l'organisation du service de l'Assistance Publique, il convient de comparer l'état du personnel médical avant et après 1902.

. Au 1er Janvier 1902, ce personnel comprenait :

Un médecin chargé de l'inspection des écoles ;

Deux médecins chargés du service de la Consultation gratuite, de la Police et de l'Infirmerie de la rampe Valée ;

Pas de pharmacien.

Le 1er Janvier 1903, ce personnel comptait :

Un médecin chargé de l'inspection des écoles ;

Un médecin chargé du service de l'Infirmerie de la rampe Valée ;

Un médecin chargé du service de la Consultation gratuite ;

Un médecin chargé de la Clinique ophtalmologique ;

Un pharmacien municipal.

Et le 1er Janvier 1907, ce personnel présentait les cadres suivants :

Un médecin chargé de l'inspection des écoles ; ·

Un médecin chargé du service de l'Infirmerie de la rampe Valée ;

Un médecin chargé du service de la Consultation gratuite ;

Deux médecins chargés de la Clinique ophtalmologique ;

Deux médecins chargés du service de l'Assistance à domicile ;

Un médecin chargé du service de l'Infirmerie de Birtraria ;

Un pharmacien chef de service ;

Trois internes en pharmacie.

(Pour Mustapha avant et après 1904, date de la réannexion, le service médical comprenant un médecin pour la Consultation gratuite et deux autres pour le service des Écoles et de l'Assistance à domicile est resté le même, sauf qu'il participe aujourd'hui au service pharmaceutique.)

Et cependant pour arriver à ces résultats, point n'était besoin de surcharger en proportion le budget de l'Assistance. Avec de l'ordre, de la surveillance et de la bonne volonté, on arrivait à créer un véritable service d'Assistance publique là où il n'existait qu'à l'état embryonnaire sans demander un gros sacrifice au budget communal.

Tout en améliorant un service des plus utiles pour la population indigente d'Alger, la Municipalité portait son attention sur les dépenses d'hospitalisation faites dans les hôpitaux de Mustapha et de l'intérieur. Elle contrôlait soigneusement la fixation du domicile de secours et présentait à plusieurs reprises des observations à l'Administration Supérieure sur le séjour exagéré de certains malades dans les hospices. Une telle surveillance porta ses fruits, et alors que de tous temps la Ville d'Alger avait été débitrice des divers hôpitaux de la colonie pour des arriérés de comptes, la Municipalité a eu la grande satisfaction, le 1er Février 1907, de constater que plus rien n'était dû à aucun hôpital et que toutes les dépenses d'hospitalisation étaient payées jusqu'au 31 Décembre 1906 inclusivement.

Les budgets primitifs n'auront plus à l'avenir qu'à subvenir aux frais de l'Assistance Publique de l'exercice courant ; les budgets supplémentaires sont débarrassés des arriérés de comptes qui les alourdissaient. Ce résultat a été atteint sans que les nécessiteux aient eu à souffrir des économies réalisées, car les dépenses n'ont pas été épargnées ; elles ont été rigoureusement surveillées et judicieusement employées. Ainsi le budget de 1907 porte au crédit de l'Assistance (art. 60), une somme de 530,000 francs, alors qu'en 1904, le budget d'Alger (art. 57) et celui de Mustapha (art. 95, 96, 97, 98, 99) n'inscrivaient pour le même service qu'une somme totale de 220,000 + 114,520 = 334,520 francs.

Pour parachever son œuvre, le Conseil Municipal a adopté, dans sa séance du 15 Mars 1907, un rapport très documenté de notre collègue, M. Demontès, sur l'Assistance Publique, concluant à la prise en charge, par le Budget de la Colonie, des frais d'hospitalisation, moyennant le reversement à l'Etat par les Communes du cinquième de l'octroi de mer, ou à la création d'un Hôpital municipal. Dans les deux cas, le budget de la Ville d'Alger ne peut que bénéficier, dans de fortes proportions, de la décision qui interviendra et que la Municipalité s'appliquera à obtenir le plus rapidement possible.

L'Instruction publique ne fut pas davantage négligée, afin de répondre aux efforts tentés dans la Métropole pour mettre l'enseignement à la portée de tous. Trop de personnes sont encore illettrées, trop d'enfants, en Algérie surtout, sont abandonnés à eux-mêmes, pour que le Conseil Municipal ne sente pas la nécessité de multiplier les écoles pour arracher à la rue, tout en les instruisant, les petits déshérités dont la Colonie est riche, et diffuser le plus possible la langue française parmi notre population cosmopolite.

Là encore l'Assemblée Communale peut avoir la satisfaction du devoir accompli. Tous les sacrifices pécuniaires que les circonstances ont exigés et que la situation budgétaire a permis ont été accomplis. Une charge plus lourde a pesé sur le budget de la Ville du fait de la réunion des deux Communes d'Alger et de Mustapha qui a déterminé, conformément à la loi du 19 Juillet 1889, article 12, une augmentation de l'indemnité de résidence à payer au personnel de l'enseignement primaire. C'est ainsi que le montant de cette indemnité, qui était de 107,925 fr. en 1903, s'est élevé, en 1904, à la somme de 131,000 francs, ce qui n'a pas empêché le Conseil Municipal de voter, par surcroît, une augmentation sensible de l'indemnité de logement.

Néanmoins, le nécessaire a été fait pour donner le plus d'extension possible à cette branche de l'Administration Municipale, ainsi qu'en témoigne le résumé suivant des travaux effectués :

Création de 24 classes ajoutées à diverses écoles de la Ville....................................	60.294 30
Construction d'un Groupe Scolaire, rue Dupuch (10 classes).....................................	177.334 58
Construction d'un Groupe Scolaire, rue Horace-Vernet (10 classes)..................................	137.100 »
Construction d'un Groupe Scolaire, rue Marengo (12 classes).....................................	249.000 »
Création d'une École arabe-française, rue d'Anjou (3 classes)	30.000 »

De plus, la construction d'un Groupe Scolaire, rue Boutin (93,000 fr.), est en pleine activité.

D'autre part, le Conseil Municipal a voté récemment un ensemble de constructions scolaires parmi lesquelles deux écoles primaires supérieures.

Un soin tout particulier a été apporté à la réorganisation et au transfert de l'École des Sourds-Muets. La Municipalité n'a rien voulu laisser à désirer pour l'éducation et l'instruction de ses déshérités. Elle a acheté et aménagé, pour la somme de

157,000 francs, la villa « La Chimère », où elle a installé son école, autrefois située rampe Valée, dans les conditions les plus défectueuses pour l'hygiène et l'enseignement. Elle n'a pas craint d'inscrire à son budget, en 1907, une somme de 26,000 francs (art. 84) pour permettre le bon fonctionnement de cette école, alors qu'en 1903 le budget ne comprenait pour cet objet qu'une dépense de 18,950 francs (art. 19).

Le service de la Police a été bien amélioré et son personnel considérablement augmenté. C'est ainsi que le budget de 1907 prévoit pour ce service 243 unités et une dépense de 389,500 francs, alors qu'en 1902, les budgets d'Alger et de Mustapha ne comprenaient que 208 unités et une dépense de 359,000 francs.

Tout en faisant face à ces importantes dépenses, la Municipalité ne négligeait rien de ce qui pouvait conserver et augmenter le renom d'Alger, Ville généreuse et hospitalière. Elle avait rétabli l'ordre dans la rue, le calme dans les esprits et les étrangers reprenaient peu à peu le chemin d'Alger. Une grande satisfaction avait été réservée au Conseil Municipal : le voyage en Algérie du Président de la République, provoqué par un vote de l'Assemblée Communale et une démarche du Maire à Paris. Ce fut un grand honneur pour Alger de recevoir la première visite du chef de l'Etat depuis 1870 ; ce fut aussi pour la population la récompense de son retour aux saines traditions, aux sentiments d'urbanité et de loyalisme qui sont la caractéristique de la colonie.

D'autres visites aussi honorables pour la Cité se succédèrent en peu de temps. S. M. la Reine du Portugal, LL. MM. le Roi et la Reine d'Angleterre, LL. AA. RR. le Duc et la Duchesse de Connaught, S. A. R. le Duc des Abbruzzes, relevèrent par leurs voyages à Alger le prestige de la Ville. Plusieurs Ministres vinrent affirmer la confiance du Gouvernement dans l'avenir de la Cité. De 1902 à 1907, le nombre des escadres étrangères qui ont fréquenté notre port est hors de proportion avec celui de toute période correspondante.

La Municipalité tint à honneur de recevoir dignement ses hôtes dont les visites étaient un gage de relèvement moral d'Alger et une certitude d'amélioration dans les affaires commerciales. Elle sut trouver, malgré les difficultés budgétaires, les ressources nécessaires pour couvrir les frais de réceptions.

Plusieurs Congrès se tinrent à Alger, de 1902 à 1907 ; ce furent ceux des Bourses du Travail, des Sociétés Savantes, des Orientalistes, de la Mutualité Coloniale. de Gynécologie. Cette affluence de Congressistes vers Alger est la meilleure preuve de l'œuvre d'apaisement et de progrès social entreprise et menée à bien par le Conseil actuel. La renommée de notre Ville ne peut que gagner à ce grand nombre de visiteurs qui sont nos meilleurs propagandistes.

La voirie ne laissa pas indifférente l'Assemblée Communale qui, là encore, donna des preuves d'une activité incessante. La Ville d'Alger, surtout depuis la réannexion, possède une longueur de voirie très grande, disproportionnée à l'importance de la Ville. L'entretien de ce service constitue à l'heure actuelle une des lourdes charges du Budget Communal. La Municipalité n'a pas voulu cependant que les habitants pussent souffrir de cette situation et que le merveilleux essor immobilier auquel on assiste depuis plusieurs années pût être entravé faute de travaux de voirie. Tout ce qu'il était possible de faire a été fait. Aucun quartier n'a été négligé ainsi qu'il est possible de s'en rendre compte par la situation des rues où ont été exécutés les principaux travaux. En effet, en dehors des travaux ordinaires d'entretien et des travaux de peu d'importance, tels que l'installation d'urinoirs lumineux, de bouches d'égouts, de réfection, on peut constater que depuis le mois de Juillet 1902 ont été ouvertes et mises en état de viabilité les rues de Morès, de Provence prolongée, de la Carrière, Mizon, Tivoli, Pélissier, de Gueydon, Mac-Mahon, Chanzy, du Rempart, Villegagnon, El-Kettar, Champlain, Louis Thuillier, Rochambeau, Kœchlin, Général-Farre, Clermont-Tonnerre, Saint-Augustin prolongée... 130.000 »

Des égouts ont été construits avenues de la Bouzaréa, du Frais-Vallon, des Consulats, rues Randon, Monge, de la Marine, Pasteur, Mizon, Cavaignac, Maréchal-Soult, Loverdo, Boïeldieu, Orangerie, Valentin, Varnier, ravin Dawin, ravin d'Isly, impasse Jeanne. 140.100 »

Des trottoirs ont été établis avenue de la Bouzaréa, place du Gouvernement, rues Rigodit, d'Alsace, de Suez, Caussemille, Montaigne, Monge, Lulli, Boïeldieu, Marengo, Saint-Louis, du Marché, avenue Bab-el-Oued .... 34.160 »

La rue Amiral-Pierre a été prolongée et dotée d'un égout.. 96.800 »

Une partie de l'Oued-M'Kacel a été couverte..... 29.300 »

De plus, sont en exécution les travaux de mise en état de viabilité des boulevards Baudin, Laferrière, des rues Pasteur, d'Isly prolongée, Cavaignac, Maréchal-Soult, Monge.. 158.000 »

Enfin, indépendamment du projet général d'égouts qui fera l'objet d'une opération financière spéciale au budget de 1908, un projet de constructions d'égouts devant desservir le quartier de l'ancien Arsenal va être exécuté.

Le domaine communal s'est considérablement accru depuis 1902.

Le Marché couvert de Bab-el-Oued (112,398 fr. 94), construit en 1903, est venu augmenter le nombre des édifices communaux.

Comme on l'a vu plus haut, la Ville a acquis deux grandes propriétés : celle de « Birtraria » (70,000 francs), pour y installer la Nouvelle Infirmerie Municipale ; celle de « La Chimère » (125,000 francs), pour y transférer l'Ecole des Sourds-Muets.

La transaction avec la Société Foncière et Immobilière a rendu la Ville propriétaire du terrain destiné aux Halles Centrales (4,032 mètres carrés, rues Baudin, Charras, G et H) ; du terrain destiné à la construction d'une école primaire supérieure pour les garçons (1,000 mètres carrés, rue Mizon) ; de terrains destinés à des squares, côté Bab-Azoun et côté Bab-el-Oued (3,400 mètres carrés) ; enfin d'un terrain de 715 mètres carrés 22, situé rue Pasteur, indépendamment des surfaces de voirie sujettes avant cette transaction à des contestations.

Trois opérations ont été entreprises et sont sur le point d'aboutir qui augmenteront d'une façon sensible le domaine communal et la fortune immobilière de la Ville.

Les terrains du Campement ayant été désaffectés, le service du Génie en fit remise à celui des Domaines, en 1904. La Ville, en raison du peu de terrain qu'elle possède et de la nécessité où elle se trouvera de construire avant peu un Hôtel de Ville digne d'Alger et répondant mieux aux besoins de la population et des services municipaux, sollicita l'acquisition de gré à gré de ces terrains. Elle obtint satisfaction, conformément aux dispositions de la dépêche ministérielle du 4 Juillet 1891, et l'expertise qui suivit fixa le prix des terrains à la somme de 1,126,000 francs, soit pour 4,220 mètres carrés 22, à 267 francs le mètre carré, prix inférieur du cinquième à la valeur réelle des terrains. Ce prix doit être réglé en trois termes (1907, 1908, 1909), avec faculté pour la Ville d'anticiper. L'argent sera prélevé sur le fonds provenant des terrains des fortifications.

Le contrat est soumis à l'approbation ministérielle. Tous les services intéressés s'étant mis d'accord, l'affaire sera réalisée à bref délai.

Il convient de faire remarquer qu'il a fallu plus de deux années (3 Novembre 1904 - 11 Mars 1907), de correspondances suivies avec les différentes administrations pour aboutir.

Par décret du 25 Novembre 1878, deux parcelles de terrain d'une superficie de 25 hectares, situées au lieu dit : « Les Dunes d'Hussein-Dey », ont été concédées gratuitement à la Ville sous réserves d'affectation à un dépôt de boues et d'immondices.

A plusieurs reprises, la Ville, mise par l'Autorité militaire dans l'impossibilité de jouir de sa concession, en raison des inconvénients présentés par les dépôts de boues, tenta vainement d'obtenir la remise pure et simple de ces terrains.

La Municipalité actuelle a été plus heureuse.

Elle a trouvé une formule qui donne satisfaction à la Ville et à l'Autorité militaire. Moyennant la rétrocession à l'Etat d'une superficie d'environ 5 hectares pour y créer un polygone du Génie, Alger deviendra propriétaire des 20 hectares restants qu'elle louera pour une durée de 20 années à la Société Hippique qui doit y installer son hippodrome dont le déplacement s'impose.

Cette convention, acceptée par tous les services locaux intéressés, est soumise à l'examen du Ministre de la Guerre. Elle sera certainement réalisée dans le courant de la présente année.

La Ville cherchait depuis longtemps à prolonger le boulevard

Bugeaud et à empêcher tout empiètement sur les terrains avoisinant le Musée des Antiquités.

Après de laborieuses négociations la Municipalité a réussi à solutionner cette question au mieux des intérêts des parties en cause.

L'Administration des Postes désirait incorporer dans la construction du nouvel Hôtel des Postes les édifices composant la chapelle anglicane de la rue de Constantine. Pour permettre cet' emprise, la Ville accepta le transfert de la chapelle sur le terrain où se trouve actuellement l'éco'e communale de Mustapha-Supérieur, à charge pour l'Etat de céder gratuitement à la Commune, un emplacement d'une superficie de 4,100 mètres carrés, dépendant des terrains domaniaux attenant au Musée des Antiquités.

Cette opération offre cet avantage appréciable de donner satisfaction à l'Etat qui sera doté d'un magnifique Hôtel des Postes, à la colonie anglaise, satisfaite de posséder son église à proximité des hôtels et villas habités par ses nationaux, à la Ville qui pourra édifier une école dont le quartier du Télemly a besoin et qui verra terminer d'une façon heureuse le boulevard Bugeaud.

Par lettre du 11 Février 1907, M. le Gouverneur Général a adopté le résultat de cette opération que le Conseil Municipal a approuvée dans sa séance du 22 Mars suivant.

Tous ces résultats appréciables obtenus dans les diverses branches de l'Administration Municipale l'ont été sans que la Municipalité ait surchargé le contribuable qu'elle considère comme suffisamment imposé.

C'est ainsi que, pour ne pas faire appel à l'impôt extraordinaire prévu par le Gouvernement pour le règlement des indemnités dues pour les troubles antisémites, elle préleva sur les fonds des fortifications une somme de 381,459 francs.

Egalement pour combler le déficit énorme de l'ancienne Commune de Mustapha, elle prit sur ces mêmes fonds une somme de 589,357 fr. 80.

Il y a donc eu de ces deux chefs près d'un million de perdu pour la Municipalité qui a dû payer des dépenses qu'elle n'avait pas engagées et réparer des dommages qu'elle n'avait pas causés.

Que de travaux utiles auraient pu être exécutés avec une pareille somme !

Et cependant la Municipalité avait à sa disposition des centimes additionnels, qu'elle n'a jamais cru devoir demander au contribuable.

, Loi du 29 Décembre 1884, 20 centimes extraordinaires pour travaux d'édilité (il n'en a été imposé que 14,74) sur lesquels 5,26 n'ont pas été réclamés soit, par an, la valeur du centime étant de 7,241 fr. 08 . . . .   38.088 08

Loi du 21 Décembre 1882, 3 centimes extraordinaires pour secours aux familles nécessiteuses des réservistes et territoriaux. 21.723 24

Enfin un centime extraordinaire pour les gardes-champêtres 7.241 08
                                                                        —————————
                                                                        67.052 40

Le Conseil, dans les moments difficiles qu'il a traversés, aurait donc pu légalement augmenter ses recettes annuelles d'une somme de 67,052 fr. 40. La situation obérée du budget en faisait presque une obligation.

C'est donc seulement par une administration sage et économe que le Conseil actuel a surmonté toutes les difficultés.

Pour bien se rendre compte de notre œuvre, il suffit de constater la situation financière de la Ville établie au 1er Avril 1907.

Excédent de recettes à la clôture de l'exercice 1905 (31 mars 1906)	1.358.367 24	
Recettes effectuées au cours de l'exercice 1906.	6.438.060 43	
Restes à recouvrer.	408.227 66	
Recettes non prévues (à incorporer au budget additionnel de 1907).	286.803 74	
		8.491.459 07
Dépenses effectuées en 1906.	6.482.970 10	
Emploi des recettes non prévues (budget additionnel de 1907). . .	286.803 74	
		6.769.773 84
Excédent budgétaire de recettes. . . .		1.721.685 23

A déduire :

Restes à payer....................	123.964 80
Insuffisance des crédits inscrits au budget de 1906............	75.318 67

Fonds spéciaux :

Chemins vicinaux...............	306.071 37
Fonds des fortifications..........	495.505 81
Emprunt de Mustapha............	265.247 41
	1.267.008 06
Excédent officiel de recettes....	454,677 17
Prévision pour non-valeurs (50 0/0 des restes à recouvrer)[1]......	204.113 83
Excédent définitif de recettes (inférieur à la réalité)............	250.563 34 [2]

Cette situation donne, pour l'exercice 1906, un excédent de recettes incontestable de 250,563 fr. 34, plutôt inférieur à la réalité.

Il y a loin de ce chiffre au déficit annuel de 150,000 francs prophétisé par l'Inspecteur des Finances Paturet.

Le Conseil Municipal actuel a beaucoup fait, et, cependant, il aurait pu faire bien plus s'il n'était pas aux prises avec une situation administrative toute particulière.

Alger se trouve placée dans une situation inconnue de toute ville de France et d'Algérie.

En vertu de l'article 145, loi du 5 Avril 1884, les budgets dont le revenu dépasse 3 millions sont soumis à l'examen du Ministre de l'Intérieur. Depuis 1903, notre Ville se trouve dans ce cas. Mais en outre de son éloignement de Paris, cause très

---

(1) La Recette Municipale n'admet ces non-valeurs que pour 40 0/0.

(2) Il convient d'observer que la Ville bénéficie, depuis le 1er Janvier 1905, d'une ressource ignorée des précédentes municipalités, le monopole des Pompes funèbres. Pour l'exercice 1906, cette exploitation a donné les résultats suivants : recettes, 139,336 fr. 40 ; dépenses, 84,745 fr. 99, d'où un excédent de recettes de 54,590 fr. 41 qui, défalqué du résultat global de l'exercice 1906, permet au Conseil Municipal de constater un excédent de recettes de 200,000 francs.

appréciable d'infériorité sur les autres villes, Alger doit subir le contrôle d'un organe administratif supplémentaire. Notre budget doit franchir trois échelons : Préfecture, Gouvernement Général, Ministère ; tout crédit doit être examiné par ces trois Autorités supérieures, alors que la Loi de 1884 n'en prévoit que deux.

Les résultats d'une telle complication, jointe à la distance, font que bien des mois se passent avant qu'une solution souvent urgente intervienne et il s'agit quelquefois de crédits infimes.

Dans la Métropole, le Ministre peut rapidement se renseigner par le téléphone auprès de son Préfet ou du Maire intéressé ; pour Alger, le Ministre peut se trouver en présence d'avis opposés du Gouvernement Général et de la Préfecture. Les moyens pour la Municipalité de faire entendre sa voix n'existent pas, des discussions surgissent, s'éternisent au grand détriment des affaires communales.

Notre but n'est pas de critiquer les administrations intéressées.

La Municipalité a été heureuse de constater fréquemment la bienveillance des pouvoirs publics ; cette critique s'adresse à un état de fait, créé par la situation géographique d'Alger et la Législation Algérienne.

Si la logique, l'esprit pratique étaient plus en honneur dans notre pays, ce régime serait modifié et une haute autorité comme le Gouvernement Général de l'Algérie devrait avoir pleins pouvoirs pour solutionner les questions financières intéressant la Ville d'Alger alors qu'elle a pleins pouvoirs pour solutionner d'autres questions autrement importantes.

Le Conseil Municipal a encore insisté à ce sujet dans sa séance du 5 Février 1904. Tant que ce régime ne sera pas modifié, quels que soient les hommes qui composent la Municipalité, quels que soient les Gouverneurs et Préfets, la situation d'Alger à ce point de vue particulier sera toujours fâcheuse.

Combien de travaux ont coûté plus cher parce qu'ils n'ont pu être effectués en temps utile ; que de projets abandonnés, leur réalisation n'ayant pu se faire en temps opportun à cause de l'excessive lenteur des approbations. A l'amélioration de la situation financière a répondu l'établissement de l'ordre dans la rue. Le calme est revenu et les transactions commerciales comme les constructions se développent.

Bien qu'Alger ait eu depuis 1902 son contingent de grèves qui sont la caractéristique du mouvement social de notre époque, la Municipalité, à part de légers incidents, n'a eu à enregistrer ni troubles, ni dégâts.

Le Conseil s'est toujours efforcé de faire aboutir les revendications ouvrières lorsqu'elles lui ont paru fondées.

Par contre, il n'a pas hésité à fermer la Bourse du Travail lorsque cet établissement menaçait de devenir un centre d'agitation dangereuse et anti-patriotique.

Cette fermeture, acceptée par la plus grande partie de notre population, a permis à la Municipalité de créer sur d'autres bases et dans de meilleures conditions de sécurité pour les intéressés, une Bourse de Travail Municipale mieux appropriée aux besoins des classes laborieuses.

Il reste encore bien des choses à faire ; il n'a pas dépendu de nous que les résultats obtenus jusqu'ici soient plus importants. Si nous avions trouvé en 1902 les terrains disponibles provenant du gros effort financier effectué en 1893, ces résultats eussent été tout autres.

Le Conseil a su réparer les erreurs du passé, mais il n'a pas cru son œuvre terminée. Il a voulu assurer l'avenir. Il ne faut pas oublier, en effet, que dans trois ans les fonds des fortifications seront épuisés et que, cependant, de nombreux travaux seront encore à exécuter. Aussi a-t-il examiné et voté deux opérations financières, deux emprunts qui permettront, toujours sans surcharger le contribuable, d'envisager l'avenir avec toute sérénité.

La Ville a demandé la prorogation de l'emprunt de 1893, ce qui diminuera l'annuité. Sur les économies ainsi réalisées peut être basé un emprunt de 1,478,084 fr. 44, négocié avec le Crédit Foncier de France, qui servira à l'exécution des travaux ci-après :

Service des Eaux :

Canalisations......................	500.000	»
Bornes-fontaines	106.000	»
Réservoir du Hamma.............	23.000	»
Turbine, moteurs, pompes........	100.000	»
Galerie de l'oued K'niss...........	110.000	»
Conduite d'amenée et raccordements	110.000	»
Bâtiment des machines	20.000	»
Citerne de 60 tonnes...............	40.000	» 1.009.000 »

Report........			1.009.000	»
Transfèrement des abattoirs publics	105.000	»		
Immeuble Cominal	75.000	»		
Ecoles communales...............	80.000	»		
Dérivation des égouts d'El-Biar....	52.500	»		
Egouts	100.800	»		
Ouverture de rues	52.500	»	465.800	»
Imprévus........................			3.284	44
			1.478.084	44

D'autre part, le Ministre de l'Intérieur ayant approuvé le budget de 1907 avec 136,000 francs d'excédent de recettes, un deuxième emprunt a été décidé et voté sur cet excédent. Le montant de cet emprunt, dont l'annuité ne sera que de 130,735 fr. 50, s'élèvera à la somme de 2,300,000 francs avec laquelle on exécutera les travaux suivants :

Bâtiments communaux.......	2.605.500	»
Voirie	1.241.600	»
Cimetière musulman.........	112.900	»
	3.960.000	»

L'excédent de ces dépenses sur le deuxième emprunt, soit 1,660,000 francs, sera couvert par les ventes ci-après :

Terrains des abattoirs actuels.........	400.000	»
» Ancienne Mairie de Mustapha..	300.000	»
» Communal Boulevard Laferrière	300.000	»
Immeuble communal rue Scipion.......	60.000	»
Et par la subvention du Gouverneur Général, pour constructions scolaires.......	600.000	»
	1.660.000	»

Il sera donc effectué pour 5,438,084 fr. 44 de travaux auxquels viendront s'ajouter les 1,500,000 francs de travaux de voirie prévus sur le reliquat des fonds des fortifications, soit une dépense totale de 6,938,084 fr. 44, non compris les 1,126,000 francs, déjà votés pour l'acquisition des terrains du Campement, sur lesquels sera édifié le nouvel Hôtel de Ville, dont les frais de construction seront en grande partie couverts par le produit de la vente de la Mairie actuelle.

Lorsque ces huit millions de travaux auront été exécutés, le Conseil Municipal n'aura plus qu'à faire face aux travaux d'entretien. Les excédents de recettes, dont les budgets constateront tous les ans l'accroissement, lui permettront d'améliorer les services existants.

Les servitudes, tels que les achats d'eau, auront disparu ; les traités en cours arrivés à expiration n'auront plus besoin d'être renouvelés.

L'installation de canalisations d'eau, du régime d'égouts répondra aux nécessités pendant longtemps. Quelques écoles, quelques marchés seront à construire suivant le développement de la Ville ; mais les recettes grossies par tous les droits de concessions, de voirie et autres dont la plus-value s'accentue chaque année, délivrées de toutes dettes, feront facilement face à ces dépenses et faciliteront même l'exécution de travaux de luxe, dans le but unique d'embellir notre Cité.

Il était intéressant de faire cette consolante constatation. Si nous avons cru devoir la faire un an avant l'expiration de notre mandat, c'est parce qu'il nous a paru opportun d'examiner notre œuvre dans son ensemble l'année même où le budget d'Alger, dont la réputation a été si mauvaise jusqu'ici, se solde enfin par des excédents de recettes incontestables et ouvre ainsi une ère nouvelle à l'Administration Municipale.

Alger, le 21 Mai 1907.

Le Maire,

F. ALTAIRAC.